Herstellung und Verlag:
Books on Demand GmbH, Norderstedt
ISBN: 978-3-8370-8475-7

Im Namen Gottes

Denen, die mich lieben, und denen, die ich liebe.

Vorwort

Seit langem schon schreibe ich, um zumindest meine eigenen Gedanken lesen zu können und dabei so Gott will etwas über mich erfahre, was mir ohne eine meditative Jagd verborgen bliebe.

Möglicherweise ist der Weg der Selbsterkenntnis schwer und problematisch; es ist sehr wahrscheinlich, dass man auf diesem Pfade unzählige Tränen und gelegentlich auch mal die Hoffnung, das Vertrauen und den Frohsinn verliert, weil man an Scheidewege gelangt und Opfer bringen muss; und dass nach jedem Gewitter und jeder Nacht wieder der pure Sonnenschein wartet, um die prächtigsten Blüten und Früchte hervorzubringen, vergisst der Mensch allzumal.

Wir leben in einer Welt ohne Elfen und Zwerge, der Mensch ist weit entfernt davon, sich durch das Universum zu beamen oder sich mit Laserschwertern zu duellieren; und um einen Helden zu erkennen, bedarf es gewaltiger, geistiger Arbeit, denn er schwingt sich nicht todesmutig durch die Hochhausreihen oder springt mit Gleitschirm aus einem Helikopter, sodass man ihn leicht erkennen könnte.

Die wahre Dimension liegt tief in uns verborgen, und mit Liebe, die von Gott kommt, und einer reinen Absicht wird bereits ein kleiner Akt, wie etwa ein freundliches Lächeln oder das Verschenken einer Dattelhälfte, zu einer Heldentat, die einen Bedürftigen zu retten vermag. Und Gottes Wohlgefallen ist das Höchste.

Wir haben uns selbst in Ketten gelegt –
Als wir uns für das Vergängliche entschieden haben;
Wir haben uns in einen Käfig gezwängt,
Dessen Stäbe Menschen und Ängste sind,
Wir betrachten entmutigt das Weltgeschehen
Und fragen uns,
Wem wir unsere Liebe anvertrauen können.

Die Menschen kennen mich nicht;
Wer schlecht von mir denkt,
Hat mich vielleicht im Moment meiner Schwäche erlebt.
Wer gut von mir denkt,
Sieht in dem, was ich tue,
Nur die Reinheit seines eigenen Herzens.

Es ist egal,
Was andere von dir denken,
Solange deine Wimpern in Tränen getränkt sind

Und dein Herz erfüllt ist von dem Wunsche,
Heute ein besserer Mensch zu sein,
Als du es gestern gewesen bist.
Und Gottes Wohlgefallen ist das Höchste.

Ich lade Sie gerne ein, einen Teil meiner Gedanken
zu lesen, doch seien Sie sich darüber im Klaren,
dass Sie auf den folgenden Seiten nichts weiter
finden werden als das, was in Ihnen selbst ist.
Also reichen wir uns die Hand und kennen uns für
eine Weile.

Inhalt

Vom Leben bis zum Tod, nichts als Erkundung

Wozu

Wozu reden,
wenn Dich niemand hört?

Wozu schreien,
wenn es niemanden stört?

Wozu lachen,
wenn niemand mit Dir lacht?

Worauf hoffen,
wenn es keinen Sinn macht?

Wozu kämpfen,
wenn man nur verliert?

Wozu leben,
wenn man nicht geliebt wird!

Kraftlos

Mein Herz steht in Flammen,
verbrenne dich nicht,
wenn du mir nahe trittst!

Mein Herz steht in Flammen,
bemerkst du es nicht,
wenn in meiner Nähe du schwitzt?

Ich möchte keinen von euch
In meine Hölle einladen;
Sie wäre euch viel zu bequem.

Doch ich kann sie kaum meistern
Und komme zu Schaden;
Und habe niemanden, der sich für mich schämt.

Ich bin nackt und gefesselt,
habe weder Kräfte noch Mut
und bin selten nur noch bestrebt.

Ich bin nackt und gefesselt,
habe weder Kraft noch Mut
und niemanden, der für mich lebt.

Innenwelt

Meine Wünsche schließen mich
Ein in den Kerker dieser Welt.
Am Ende sie erwiesen sich
Bloß als Sache, die zerfällt.

Meine Träume halten mich
Gefangen in meinem Leben.
Am Ende gar sie spalten mich,
doch bleiben an mir kleben.

Meine Ziele führen mich
Stets nur durch Zeit und Raum.
Am Ende sie berühren sich,
Als waren sie bloß Traum.

Innenleben

Unheilbringende Fantasien,
die grausam durch die Seele ziehen,
wie eine Armee unbekümmerter Soldaten.
Friedenspendendes Licht,
das sanft gerät in deine Sicht,
so wie die Wolken in die Luft geraten.

Achten wir doch darauf,
was Einzug in unsere Seele nimmt,
mit welcher Absicht sie ihr Ziel erklimmt,
andernfalls nehmen ihr Leben wir in Kauf.

Füllen wir sie doch,
mit reinem Honig, Milch und Wein,
der nicht berauscht, und lesen dann allein
die schweren Seiten im offenbaren Buch.

Wehen mit dem Wind

Der Seelenschmerz ist eine Schere,
von allen innerlichen Kriegen ist er der eine,
nach dem ich mich nicht sehne.
Und hinter meinen Augen warten tausend Meere,
die muss ich alle weinen.
So stark ich mich dagegen lehne,
dieser Krieg – er bleibt der meine.

Die Freude ist des Körpers Wärme,
sie liefert Glück und Wonne an,
wonach ich mich nur allzu sehne.
Und hinter meinen Augen hängen tausend Sterne,
sie alle scheinen dann und wann,
und zaubern eine schöne Träne,
sodass ich wieder hoffen kann.

Es ist des Lebens große Heimlichkeit,
wann die Sterne aufgehen
und wann die Meere überschwemmen.
Doch jederzeit ist die Seele stets bereit,
die Tränen zu verstehen
und die Freude zu erkennen.
Das nennt man, mit dem Wind zu wehen.

Freiheit

Im Fluss der Liebe schwimmt bescheiden
Ein kleines Holz stromabwärts her;
Die Bäume, die am Ufer stehen, beneiden
Das Hölzchen augenscheinlich sehr.
Sie fragen sich, wie es geschehen kann,
dass ohne Wurzeln man so meisterhaft bestehen
kann.

Berechtigte Fragen

Wie tief kann ich atmen,
Um mich zu berühren?
Wie lange kann ich warten
Und meine Ängste schüren?

Ich bin in einer gelben Rose aufgewacht –
Was sagt mir dieses Bild?
Und eine hoffnungsvolle Nacht
Dient mir als liebes Schild.

Wie weit kann ich denken,
Um mich selbst zu finden?
Wie viel Liebe muss ich schenken
Und wie viel Atemzüge schinden?

Komme, Krankheit, komme doch,
Dass ich dich schlagen kann.
Und morgen scheint die Sonne noch –
Was fang' ich mit ihr an?

Wie weit muss ich gehen,
Dem Wahren zu gehören?
Wie oft darf ich am Throne stehen
Belehrt von Engelschören?

Lassen

Du bist ein roher Diamant,
doch wenn du dich nicht schleifen lässt,
wirst du ein Steinklumpen genannt,
der überall sich greifen lässt;
und ohne Hilfe einer Hand,
die dich führt und reifen lässt,
bist du verloren an dem Strand,
der schwer nur sich begreifen lässt,
und wirst getrieben von dem Sand,
der dich nur abschweifen lässt,
und wirst vermutlich nie erkannt,
was letztlich dich verzweifeln lässt.

Irrtum

Wenn Blicke töten könnten,

wie oft schon wäre ich gestorben?!

Wenn man sein Herz verlieren könnte,

wäre meines schon verloren!

Wenn Ängste fesseln könnten,

wäre ich schon längst verkettet!

Wenn Liebe retten kann,

warum bin ich noch nicht gerettet?!

Weil es keine Liebe war,

du Narr!

2.Momenaufnahme

Im Augenblick, da ich verweile,
stört das Gedenken an das Kleine;
ich schaue in mich, achte, hoffe, weine,
und aus Verzweiflung wird schon wieder Eile.

Ich bin nicht hier,
auch wenn mein Körper anderes bezeugt;
es ist mein Innerstes das trauert und bereut,
dass immer wieder es die Sicht verliert.

Will nicht nach gestern noch nach morgen
schauen,
in einer Weise, dass es mich beraubt
Seiner Gegenwart, die mir erlaubt,
auf alles unbedacht mit Stärke zu vertrauen.

Oh Herr, oh Gott, Der alles kennt,
ich gehe Deinen Pfad – doch schwankend,
Du siehst mein Herz im Irdischen erkrankend,
das unentwegt mit Feuerskräften trennt.

Unser Herr, Allah, Der Du bist allein,
so gib uns Gutes schon in dieser Welt
und mache uns das Jenseits gut bestellt
und bewahre uns vor des Feuers Pein.

Dreisprung der Liebe

Auf die Ortung und Erblindung,
Folgt die Hortung und Empfindung;
Es bleibt Verantwortung und Bindung!

Verbotene Liebe

Liebe ist unser Gefängnis,
das den einen zum anderen sperrt.

Verbot ist unser Verhängnis,
das uns unsere Schranken lehrt.

Gefühle sind unsere Empfängnis,
die uns neue Hoffnung gebärt.

Worte bleiben uns im Gedächtnis,
doch die Begegnung bleibt uns verwehrt.

Auch

Sind wir zu zweit
Auch oft allein,
Sind wir gemeinsam
Jedenfalls nicht einsam.
Ist unser Leid
Auch oft nur klein,
Ist jeder Balsam
Unserer Liebe heilsam.
War unsere Zeit
Auch süßer als der Wein,
War sie ein Wahn,
An dem ich gerne teilnahm.
Bleibt unser Weg auch weit,
einander nah zu sein,
sind wir gemeinsam
dann jedenfalls nicht einsam.

So sehr

Du bist so fern, so weit,
und darum fühl' ich dich nicht mehr;
doch zwei Gedanken reichen aus, so dass ich weiß:
„Ich liebe dich so sehr."

Ich gehe eine Meile gerade,
die nächsten drei, die geh' ich quer.
Ist es nun richtig oder schade?
Ich weiß nur eins: „Ich liebe dich so sehr."

Ich beneide jedes Blatt am Baum;
Es findet Halt und schwankt nicht einsam hin
und her,
ich kämpfe mich von Traum zu Traum,
und jeder fragt: „Was liebst du da so sehr?"

Ich sage: „Seht ihr nicht, es gibt mich nicht!"
Versteht man das so schwer,
dass auch die Motte spricht zum Licht:
„Ich liebe dich so sehr."?

Ach, alle suchen doch nach dieser Liebe
Und springen nackt ins Farbenmeer,
verbrennen und verschmelzen Unterschiede
und rufen dann: „Wir lieben uns so sehr."

Drei Worte

Immer nach dem höchsten Sinn die Arme heben!
C'est la vie - so ist das Leben.
Hand in Hand lernen Träume schweben.

Leise und fast unsichtbar
Ist es doch ersichtlich und so klar:
Ein Herz, das sich in Einsamkeit versteckt,
Bis es dann die Seele seiner Zweisamkeit entdeckt,
Erkennt, dass all das Warten nicht vergebens
war.

Dann endlich können unsere Träume fliegen:
Ist es wirklich so schwer dieser Liebe Hoffnung
zu geben?
C'est la vie - so ist nun mal das Leben!
Habe Mut, mich weiterhin zu lieben.

Ein-Mal-Eins der Heuchelei

Wenn du am eigenen Aste sägst,
Nur weil ein anderer ihn bestieg,
Hast du was falsch gemacht.
Wenn du in deinem Herzen trägst,
Was nicht auf deinen Lippen liegt,
Dann gebe Acht.
Und wenn du jedes Wort abwägst,
Weil du nicht weißt, wie schwer es wiegt,
Dann wirst du überwacht.
Und wenn du falsche Freundschaft pflegst,
Weil du glaubst, dass man so siegt,
Hat Satan Übermacht.
Doch wenn du trotzdem Hoffnung hegst,
Dann ist, was auf den Händen liegt:
„Verwandlung kommt nicht über Nacht!"

Also subtrahiere, ach,
Was dich zum Heuchler macht.

Spagat

Tief in mir da brennt ein Feuer,
das ich zum Schweigen bringen will.
Nach außen zeigt sich mein Gemäuer
stark – doch innen unbemerkt da zwingen still
scheinbar böse Kräfte gleich einem Ungeheuer
mich zu so manchem, was mir nichts bringen will.

Außen in der Welt vernehm' ich Frieden,
den Zustand, den auch innen ich ersehnte,
doch ist er mir bis hierhin nicht beschieden,
da sich, wie ich eben schon erwähnte,
- und ich habe die Erkenntnis lange gemieden -
das Innere sich (noch) nicht mit dem Äußeren
versöhnte.

Oh mein Herr, ziehe aus meinem Herzen
die Nägel und Ketten, die mich binden
an diese Welt und meine Blicke schwärzen,
damit ich auf der Reise bleibe, Dich zu finden
und mache, dass die Fülle meiner Schmerzen
im Gedenken an Dich schwinden.

Augen auf

Hast du dir schon einmal ins Herz geschaut
und vernommen daraus einen Laut?
Es gibt solche, die sind so hart wie Stein
und sie können gar noch härter sein;
doch wer auf Gott vertraut
wird gerettet vor der Pein.

Hast du schon einmal in dich hinein gehorcht
und nach deinen Schwächen geforscht?
Du wirst Mängel in deinem Selbst entdecken,
die sich hinter tausenden Schleiern verstecken;
deine Sicht der Welt wird morsch,
aber Gott wird dich wiedererwecken.

Hast du schon einmal mit guten Absichten
versucht dein Innerstes zu lichten?
Du wirst rasch verstehen und erkennen,
dass es mehr gibt als du kannst benennen;
und beginnst du das Gebet zu verrichten,
wirst mit dir selbst um die Wette du rennen.

Hast du schon einmal die Augen geschlossen
und den Moment des Alleinseins genossen?
Du wirst durch Gebet und Geduld verstehen,
dass es mehr für dich gibt zu sehen;
so lasse die Liebe zur Welt sein verflossen,
dann kannst Gott du entgegengehen.

Gemäßigte Reue

Ist es nicht so,
Dass früher wir viel Schlechtes dachten,
Und besser jetzt,
Da wir die alte Welt mit neuem Blick
betrachten?!
Aber schlimm wäre auch,
Wenn wir das Frühere ab nun verachten,
Oder traurig,
Wenn wir nicht (ab und zu) darüber lachten.
Es ist vergangen,
Was wir taten, was wir machten.

Nimm dir Zeit

Und es gibt wenig, das überstürzt gelänge,
Wenn man verzweifelt ist in dem Bemühen,
Wenn man getrieben ist in sonderbare Enge,
Wenn Wangen, Stirn und Augen glühen.

Und es gibt wenig, das flüchtig dir gefiele,
Wenn du gedrängt bist in die schlimme Hast,
Wenn man dich ruft zum unwichtigen Ziele,
Wenn dir die falsche Eile wird zur
wirkungsvollen Last.

Und es gibt wenig, das fliehend bei dir bliebe,
Wenn du es kopflos, voreilig erlebst,
Wenn man dich zwänge zu verstellter Gegenliebe,
Wenn du nicht gerne jeden von dir selbst aus
liebst.

Also nimm dir Zeit, denn wenig
Ist manchmal mehr, wenn du verstehst.
Und du wirst vor dir selbst ein König,
Wenn du die Dinge ruhig angehst.

Neumond

Ich habe mich in einem Tal versteckt,
Bin in der Qual der Wahl gefangen,
Bin von der Schönheit zwar entzückt,
Doch war ich einst einen and'ren Weg gegangen.

Ich habe mich in einem Wald verloren,
Bin bald schon ohne Halt erlegen,
Bin von der frischen Luft zwar fast wie
neugeboren,
Doch war ich einst auf deutlich and'ren Wegen.

Ich habe mich auf einen Berg geschlagen,
Bin wie ein Zwerg in einem großen Werk
erschaffen,
Bin durch den Ausblick zwar bereit für neue
Fragen,
Doch war ich einst auf einem Weg in engen
Gassen.

Ich habe dann in einem See gebadet,
Bin wie das Klee in Händen einer Fee geworden,
Bin dankbar für die Reinigung, weil sie nicht
schadet,
Doch war ich einst auf einem Weg, mich selbst zu
morden.

Ich habe oft in meinen Tränen Gott gefunden,
Bin in den schönen, grünen Gärten aufgewacht,
Bin in der Ewigkeit für einen Augenblick
verschwunden -
Und habe dann mit Mut an einen neuen Weg
gedacht.

Friedlich

Ich suchte nach Befriedigung
und fand sie hier und dort,
war ständig auf dem Sprung
von einem zum anderen Ort.

Ich hoffte auf Zufriedenheit
und sprach mit mir in leisen Tönen,
versank in Abgeschiedenheit,
um mit mir selbst mich zu versöhnen.

Ich weiß nun, was ich brauch' ist Frieden;
Ihm Platz in meinem Herzen zu verschaffen
ist höchstes Ziel und es darf nicht gemieden
werden - der Gebrauch irgendeiner meiner
Waffen.

Ein Gesetz

Ich dachte einst, in Menschen gäb' es kein
Vertrauen,
Da wurd' ich eines Besseren belehrt;
Man riet mir, auf mich selbst zu schauen,
Denn erst zu fordern, hieß es, sei verkehrt.

„Du kannst nur das empfangen, was du gibst,
Und gibst du alles, bist auf dem Gipfel du,
Und schenkst du her von allem, was du liebst,
Fliegt dir von überall her reiche Liebe zu."

Ich fragte: „Ist dies denn ein Gesetz?"
Man sagte mir: „Es gilt im Guten wie im
Schlechten!
Und wenn du andere in böser Art verletzt,
Dann sei gespannt, was sie entgegen brächten.

Verteilst du aber Frieden, Hoffnung, Sicherheit;
Nun rate mal – es käm' zu dir zurück;
Und nimmst hinweg du Kriege, Hass und Leid,
So wärst du sicherlich vom Resultat entzückt.

Wenn du nun ehrst, was du hast einst beneidet,
Und achtest, wen du hast verkannt,
Dann freue dich, dass fortan Licht dich kleidet
Und Würde dich in Seidentücher spannt."

Wenn jene Worte also in mir bleiben,
Den Alltag und mein Handeln stets begleiten,
Dann darf ich endlos weite Liebeslieder schreiben
Und lange das Kamel der Freundschaft reiten.

Ich würde reich und wie ein Bauer guter Laune,
Der aussät, was er innerlich begehrt,
Es wüchsen Früchte so, dass ich sie schon
bestaune,
Während die Sonne freudig, deren Lieblichkeit
noch mehrt.

Was also seid ihr nun bereit zu geben,
Da ihr nun wisst, wie ich, was man im Gegenzug
so kriegt;
Man gab mir Rat: „Verschenke doch dein Leben,
Da Ewigkeit das Leben überwiegt."

Am Rande des Selbstlosen

Ich bringe also selbstlos
Eine Tat in diese Welt
Und werde dadurch hoffentlich mein Selbst los,
Welches sich selbst zu sehr gefällt;
Doch bleibt das Selbst uns immer unser Selbst-Los
Und eine Prüfung, der sich doch jeder einmal
stellt.
Und fühlt ein Selbst sich selber wertlos,
Dann ist die Antwort, die es folgenschwer erhält,
Dass ohne Selbst, das mutig ist und selbstlos
Sich freigiebig und liebevoll verhält,
Das Selbst gefangen bleibt im Selbst-Los
Und letztlich keinen Platz im Selbstlosen bestellt.

Du Seele

Strecke dich, du junge Seele,
das Leben hängt an hohen Bäumen;
und nach der höchsten Frucht dich sehne,
denn ohne Träume lässt sich viel versäumen.

Bewege dich, du schwache Seele,
kein Meister ist als Meister schon geboren;
und in dir selbst da liegen lange Wege,
die aus der Dunkelheit ans Licht dich führen.

Verliebe dich, du einsame Seele,
die Liebe hat so manchen schon geheilt;
und in Vereinigung verloren, lehre
dir selbst dein Selbst – vollkommen ungeteilt.

Verlasse dich, du lernende Seele,
nicht auf die Dinge dieser Welt;
so liebe, bete und mit Bedacht erwähle
Gott zum Lehrer, Dem nichts sei beigesellt.

Verzage nicht, du suchende Seele,
wenn auf dem Weg ein Stein dich stolpern lässt;
sondern bekenne, zeige Reue und verstehe,
dass niemals du vollkommen ohne Fehler bist.

Beruhige dich, du angsterfüllte Seele,
die Straße führt zurück zu deinem Herrn;
erbitte Hilfe oft und auch gestehe,
denn ohne Rufe bleibst du dem Einklang fern.

Heimkehre, du beruhigte Seele,
berauscht mit Frieden und Zufriedenheit;
so folge demütig dem göttlichen Befehle
und Seine Nähe ist's, die dich befreit.

Nichts weiter

Ich bin nichts als eine Blase,
die aufsteigt und zergeht,
die weit entfernt von der Oase
allein im Sande der Verzweiflung steht.

Habe keinen Wert als den des Staubkorns,
welches am Lichtkegel der Zeit
sich rettet vor der Kraft des Zorns
durch das Empfangen von Barmherzigkeit.

Ich bin wie das Blatt am Zweige,
welches liebevoll hervorgebracht wird;
so wie es dann geht zur Neige,
sich auch mein Leben verliert.

3. Momentaufnahme

In einem ruhigen Augenblicke
Da träumte mir ein schönes Bild,
dass nämlich all unser Geschicke
ward einst von Höherem gewillt.

Und könnt' ich dieses Höchste je erreichen
Und gäb' ich Ihm den Namen „Herr",
so blieb der Augenblick mir bloß als Zeichen
und in Gebeten fänd' ich an Leben mehr.

Solch ein Aufenthalt zerstört Verlangen
Durch ein beständiges Vergehen,
so dass die Zukunft sei bereits vergangen
und die Vergangenheit noch ungeschehen.

Geschwätz über das Weltende

„Am Luxus geht die Welt zunichte!"
Sagt der Bettelknabe
„Die Erkenntnis: Ich verzichte,
bis ich nichts mehr habe,
und ein Anderer auf dieser Welt
meinen Schatz in Händen hält.
Dies sei meine Opfergabe!"

„An Faulheit geht die Welt zugrunde!"
Sagt der fleiß'ge Edelmann
„Und die Lösung: Mußestunde,
damit man sich was leisten kann,
und kein Anderer auf Erden
könnt je edler als ich werden.
Schaut mich doch an!"

„An Bosheit wird die Welt wohl scheitern!"
Sagt der scheinheilige Fromme.
„Mein Ratschlag: Sein Bewusstsein zu erweitern,
auf dass man vorwärts komme.
Und niemand soll auf Erden bleiben,
außer die sich dem verschreiben.
Geht rauf die ewige Leiter!"

„Die Welt wird durch uns alle enden!"
Sagt der Menschenfeind
„Unser Schicksal: In unseren eigenen Händen,
große Zahl und dennoch unvereint,
besitzen wir als einzige den Drang
nach uns'rem eig'nen Untergang.
Es ist nur gut gemeint!"

„Die Welt hat ihre vorbestimmte Frist!"
Sagt der einsichtige Weise.
„Meine Botschaft: Meidet den Zwist,
seid geselliger denn die Ameise;
ob ihr euch auch liebt oder hasst,
seid ihr Fremde oder allenfalls Gast
auf einer begrenzten Reise."

Kaum ein Vergleich

Wie eine Brücke, die man überquert,
Oder ein Käfig, der uns zusammen sperrt,
Oder wie ein Buch, das uns belehrt.
Nimm es, wie es ist, ein Beben,
Das uns schüttelt, unser Leben.

Wie ein Brief, der uns ereilt,
Oder ein Schwert, das uns zerteilt,
Oder wie eine Frist, die in uns weilt.
Nimm ihn, wenn er kommt, das Abendrot,
Das uns geschrieben, unser Tod.

Wie ein Wort, das uns erfreut,
Oder ein Licht, das uns betreut,
Oder wie ein Ort, der uns befreit.
Nimm sie, wie sie ist, die Zeit,
Die endlich heißt Unendlichkeit.

Vom Anfang bis zum Ende, nichts als Einheit

Die Eröffnung

Im Namen des Besitzers der Barmherzigkeit
Das Lob sei dem Herrn aller weit und breit,
dem Besitzer von Gnade und Barmherzigkeit,
Der richten wird zu einer Zeit;
Dich bitten wir und für Dich sind wir bereit;
Mache den rechten Pfad uns zum Geleit,
der führt zu Deiner Zufriedenheit,
nicht den des Zorns oder der Verirrtheit.

Im Namen Gottes

Und wolltet ihr die Worte eures Herrn
aufschreiben,
und diente hierzu auch ein ganzes Meer,
so würden zahllos viele Verse ungeschrieben
bleiben,
da würde euch das Tintenfass schon leer.

So suchet nicht nach Helfern außer Ihm,
denn Er ist es, Der frei gibt und bemisst,
und Der euch lehrt, dass: „Alif, Lam, Mim,
an Seinem Buch in keinem Fall ein Zweifel ist."

Er schuf die Himmel und die Erde in sechs Zeiten,
und darauf bestieg Er Seinen Königsthron;
Er kennt der Schöpfung Treiben und alle ihre
Seiten;
Wo ihr euch hinbewegt, dort wahrlich ist Er
schon.

Und mit dem Tag und mit der Nacht erklärt Er
uns,
dass uns're Seelen wurden derartig erschaffen,
dass rein sie sein können oder schmutzig je nach
Wunsch;
„D'rum seid nicht Schweine, seid nicht Affen!"

Und Ihm gehören Himmel und die Welt,
und euer Innerstes versteckt sich vor Ihm nicht,
sodann vergibt und straft Er, wie es Ihm gefällt,
und gegen Ihn hat keine Kraft Gewicht.

Er scheut sich nicht ein kleines Bild zu prägen,
und käme es auch einer Fliege gleich,
und Seine Botschaft in das Herzen eines
Einzelnen zu legen,
der nichts vom Lesen wohl doch von Liebe weiß.

Könnt ihr es sprechen: „Gott ist einer, ist allein,
von Ihm kommt alles, doch es gibt nichts, was Er
benötigt;
Er zeugt nicht und kann nicht selbst geboren sein;
Dass jemand sei wie Er ist schlicht unmöglich."

Nichts nutzt dem Menschen, als dass er sich
ergeben zeigt,
dass weder Furcht noch Trauer ihn berühren mag;
und bleibt sein Angesicht dem Herrn der Welten
zugeneigt,
sodann kein Teufel oder Satan ihn zu verführen
wagt.

In dieser Lebensweise gibt es keinen Zwang;
Wer hofft, der tut es nur zu seinem Besten,
und jenen führt der Herr am rechten Pfad entlang,
so sicher wie Er bringt die Sonne in den Westen.

Oh ihr Vertrauende, ihr Gläubige: Gebt Acht!
Und schaut genau, was ihr nach vorne schickt.
Fürchtet Gott! Der über eure Taten wacht
Und auf die Absicht hinter diesen blickt.

Was in den Himmeln und auf Erden ist, lobpreist
den Einen,
und Er ist mächtig, kräftig, weise und gerecht,
und wollte Er, so würden alle sich vereinen,
doch leider denken manche von den ander'n
schlecht.

Geduldet euch mit jenen lieben Menschen,
die an Gott denken, wie es Ihm gebührt;
und meidet jene, die sich von der Welt getrieben
wünschen,
dass eine Lüge sie zu Ehr und Reichtum führt.

Denn wahrlich, die beharrlich, harten Leugner,
ob Götzendiener oder Volk der Schrift,
sie befinden sich in einem starken Feuer,
das sie für alle ihre Sünden trifft.

Doch jene, die vertrauen und das Gute tun,
sie sind das Beste, was der Herr erschuf;
sie soll'n in grünen Gärten neben Bächen ruh'n,
und „Frieden, Frieden" vernehmen sie als
wohlbekannten Ruf.

Der Jüngste Tag

Ein legendäres, kunterbuntes Treiben,
Ein Schauspiel auf der eindrucksvollsten Bühne,
In dem sich niemand seiner Hauptrolle entzieht,
Im Schweiße hasten Menschenseelen, bleiben
Im Vorahnen, wie ihnen bald geschieht,
Es ist ein Tag von Schuld und Sühne.

Schluss mit den Lügen und Vorwänden,
Das Innerste der Herzen stellt sich dar,
Ein jeder hält das Tatenbuch in seinen Händen,
Und ihm wird all die Wahrheit offenbar.
Dies ist ein Ziel mit festgesetzter Frist,
An einem Tag wie diesem, an dem kein Zweifel
ist.

Dort gibt es Augen, die so kräftig scheinen,
Als würden sie zum ersten Mal benutzt;
Doch es ist klar, dass sie es sind, die weinen
Aus echter Hoffnung für den ehrenvollen Schutz.
Und jenen, deren Angesichter strahlen,
Ist alles, was sie gerne lieben,
Und unter Schattendächern, die sie bewahren,
Ist alles, was sie sagen möchten: „Frieden"

Und während jene wohlbehütet schmausen,
Die Unglückseligen in Feuerwänden hausen,
Belogen von den Teufeln, den Verfluchten,

Ist was sie fanden das bloß, was sie suchten.

Man sieht Gesichter, ganze Menschen trübe,
In Scham, dass ihre Taschen leer,
Und die Erkenntnis ist so leuchtend aber schwer,
Da sie nun wissen, dass Jener über sie verfüge,
Den sie verkannten und nicht nannten „Herr".
Für sie sind siedend heiße Quellen
Und Dornenkraut als Proviant gedacht
Und in der Gegenwart, der furchtbar klaren,
hellen
Ist alles, was sie sagen können: „ach"

Ein Engel schreit:
„Am Throne Gottes steht ‚Barmherzigkeit',
Sie übertrifft bei Weitem Seinen Zorn;
Jetzt ist der letzten Stunde rechte Zeit:
Wer eingepflanzt hat, dem vermehrt Er jedes
Korn.
Doch wer die Stunde hat bestritten,
Der hat noch nicht genug gelitten,
Er soll sich schämen, Schmach um Schmach
erfahren,
Fortan gezüchtigt werden in ewig-langen
Jahren!"

Und Reue zeigen schließlich alle,
Die einen, weil ihr Leben sie verprasst,

Die ander'n, weil ihr Tatensack, der pralle
Am Schluss nicht noch mehr gute Werke fasst.

So richtet dann der Hüter der Bestimmung
Über der Menschen zeitweiligen Besuch;
Nimmt sich zum Zeugen die Gesinnung
Und als Devise Sein ewiges, unwandelbares
Buch.

 In Gnade und Gerechtigkeit
Wird jedem zugeteilt,
Was er verdient.
Und jeder weiß bescheid,
Dass er dort, wie Gott entschied,
In Ewigkeit verweilt.

Treuegelöbnis

Gib mir die Hand
Und lass mich dich lehren,
du sollst keinen falschen Gott und nur den Einen
verehren.

Gib mir die Hand
Und sei ehrlich zu allen,
du musst keinem unbedingt außer Gott alleine
gefallen.

Gib mir die Hand
Und dann bete viel,
denn so schwer ist die Reise und so fern ist das
Ziel.

Gib mir die Hand
Und lasse Unrecht uns meiden,
um als Schafe auf den Feldern der Liebe zu
weiden.

Gib mir die Hand
Und harre aus in Geduld,
denn auf das Warten in Schwierigkeit folgt die
Sendung der Huld.

Gib mir die Hand
Und verspreche mir dies,
dass du täglich im Buche der Unterscheidung
liest.

Gib mir die Hand
Und lass mich dich führen,
du musst im Garten der Andacht dein Ego
verlieren.

Gib mir die Hand
Und erkenne deine Pflichten,
um im Wettbewerb der guten Taten ganz vorne
mitzumischen.

Komme zu mir
Und halte fest an dem Seile,
dass man gemeinsam im Schatten der Ewigkeit
verweile.

Wer war Muhammad

Gott schuf die Menschen zu Völkern und
Stämmen,
auf dass sie sich mögen kennen;
und er machte sie zu Mann und Frau,
auf dass sie seien einander vertraut.
So seien die Menschen voll Unterschiede,
und der Geehrteste vor Gott ist der mit der
meisten Liebe.

Und so war der edelste, der von Gott ward
gesandt,
Muhammad, der für alle Liebe empfand -
für Freunde und Feinde, Bekannte und Fremde,
hob er zum Gebet demütig die Hände.
Ein jeder kann noch so viel von ihm lernen,
doch in diesem Moment bleibt nichts denn als
Schwärmen.

Du bist, oh Muhammad, unserer Augen Pupille,
dein Handeln ist im Einklang mit dem göttlichen
Wille;
zu fühlen wie du ist unseres Herzens Hoffnung,
zu denken wie du ist unseres Verstandes
Hoffnung,
zu leben wie du ist unseres Körpers Pflicht,
doch zu sterben wie du vermögen wir nicht.

Gott hat Muhammad hoch geehrt -
so hoch, dass Er ihm die Lesung gelehrt,
die bis zum Ende aller Tage,
dem Menschen hilft aus seiner Lage
in einen Zustand zu gelangen,
der ihn von Liebe macht gefangen.

Wissen des Propheten

In einem jeden steckt ein Klumpen Fleisch,
Der kostbar ist wie der Ertrag aus Erzen,
Und wer ihn fördert, reinigt, der ist reich;
Fürwahr, ich meine hiermit eure Herzen.

Und jede Tat, die ihr verteilt,
Wird nach dem Innersten gemessen;
Wer seine Absicht also heilt,
Gehört im Diesseits wie im Jenseits zu den
Besten.

Und wenn der Höchste euch erheben soll,
Seht zu, dass ihr die Schwächen überwindet,
Dass weder Gier noch Geiz noch Groll
Euch an den Schlund der Hölle bindet.

So betet, fastet, spendet ihr Genossen,
Ihr müsst das Herz mit Frömmigkeiten
schmücken;
Und jede Träne, die aus Gottesfurcht vergossen,
Wird meterhohe Flammen niederdrücken.

So schreitet hurtig durch das Dornenfeld der
Welt,
Seid wachsam auf dem deutlich schmalen Grat,
Denn Wachsamkeit, die Gott gefällt,
Ist nun für euch der einzig wahre Pfad.

Die Gefährten des Propheten

Sie strahlen vor Demut und Bescheidenheit –
Von damals schon bis immer
Strahlt und scheint ihr reiner Schimmer
Im weiten Zimmer der Unendlichkeit.

Sie sind erfüllt von innerer Enthüllung;
das Selbst erhaltend, wurden sie sich weniger
und Jener, Den sie lieben, machte sie fähiger
und mit seliger Bemühung fanden sie Erfüllung.

Sie gaben hin ihr Leben und ihr Hab' und Gut;
Sie opferten sich gänzlich der Liebe des Geliebten
Und der Pfad ist mit ihnen wohl beschrieben,
denn um zu lieben, braucht man solchen Edelmut.

Sie sind die wahren Sterne an Gottes Firmament;
In des Propheten Nähe war ihr Schweigen,
welches jedem unter ihnen war zu eigen,
um Gott zu zeigen, dass sie ergeben sind.

So dann küssen wir doch die Hand,
die zwischen Pfeil und des Propheten Haupte
mutig sich befand.

Gott und die Schöpfung

Beginnen wir mit Einem,
Dessen Farbe unbeschrieben,
In Dessen Gegenwart wir alle blieben,
Um einen Teil von uns, wohl einen kleinen,
Auf unbeschreiblich schöne Art zu lieben.

Von Ihm stammt Masse,
Zeit und Raum und auch die Kraft,
Die durch Bewegung alle Formen strafft;
Doch nicht dass Er beim Aufbau es belasse,
Nein, erst durch Leben Er das Ganze schafft.

Er ist verschieden,
Doch immer bleibt Er Mittelpunkt,
Und wen Er gnädig in den Farbenfluss der
Sehnsucht tunkt,
Dem ist beschieden ein ewig langer Frieden,
Und Milch freut diesen mehr als Rebentrunk.

In Seiner Gegenwart,
Die unermesslich nahe in uns ist,
Vergisst der Wartende der langen Reihen Trist,
Und auch der Geizigste gibt mehr, als dass er
spart,
Denn Seine Art ist die Verheißung ohne List.

Wisst ihr denn nicht,
Dass „alleine sein" mit „allem eins zu sein"
bedeutet,
Dass jeder sich mit äuß'ren Trügen streitet,
Bis dass er seelenruhig erlischt
Und inneres Licht ihn in die Einheit leitet?

Betrachtet man das Ganze stets als solches,
So ist man zu der Einsicht vorgedrungen
Und hoffentlich dazu mit voller Liebe
eingeklungen,
Dass nicht der Einschnitt eines unheilvollen
Dolches
Dem Einssein schadet, um das so sehr gerungen.

Zurück zum Einen,
Dessen Farbe wir nicht kennen,
Wohl doch wir können wunderschön und heilig
Ihn benennen,
Wir können vor Ihn treten, weinen
Und uns im Reinen von der Trennung trennen.

Ein Gebet

Oh Allah, hilf mir, mein Herz zu räumen,
mich jeder Götze zu entledigen;
belehre mich in meinen Träumen
und lasse pausenlos mich von Dir predigen;
lasse keine Gelegenheit mich versäumen
und keinen anderen mich schädigen;
lasse mich gehören zu den Treuen,
den Ergebenen, den Seligen

Oh Allah, Du bist der Liebe stille Quelle,
erfüllst mit Leben jeden Raum,
mache, dass zu Dir ich mich geselle
im Hier und Jetzt und auch im Traum.

Oh Allah, Du bist Der, Der alles Wissen hat,
von Zukünftigem und bereits Geschehenem;
so gib uns davon auch einen Bissen ab
und lasse uns sein von den Verstehenden.

Oh Allah, in Dessen Händen meine Seele ist,
mache, dass mein Herz Dich mit keinem Schlag
vergisst;
dass ich verhalte mich nach Deinem Muster -
Oh Allah, mache mich bewusster.

Oh Allah, Du bist eins, Dir Selbst genügend,
lasse uns nicht selbst betrügend
wider unsere Seelen lügend,
sondern mache uns, uns selbst oft rügend.

Unser Herr, verderbe unsere Herzen nicht,
nachdem getrunken sie von Deinem Licht,
um Deine Gnade wir Dich ständig bitten,
da Du Der Einz'ge bist, Der sie uns kann
gestatten.

Unser Herr, Allah, Der Du bist allein,
so gib uns Gutes schon in dieser Welt
und mache uns das Jenseits gut bestellt
und bewahre uns vor des Feuers Pein.

Nicht genug?

Bin ich nicht demütig genug,
dass Gott mein Herz in Seinen Händen hält?
Bin ich bescheiden nicht genug,
dass meine Seele Ihm gefällt?
Bin ich nicht sanftmütig genug,
dass man sich gern zu mir gesellt?
Bin ich denn bittend nicht genug,
dass sich für mich die Dunkelheit erhellt?

Oh Gott, Du bist der Schönste und die Welt –
Ist so gemacht, dass sie auf Deinen Wunsch hin
zerfällt.

Imperativ

Der Horizont ist näher als man denkt,
Mache dich auf den Weg,
Ihn zu erreichen.
Behalte dir dein Selbst und deine Bekannten
In bester Erinnerung.
Liebe mit der Kraft eines Elefanten
Und vertraue mit dem Mut eines Bären.
Wähle dir ein Ziel,
Das dir entspricht.
Rufe dir deinen Herrn
Oft in Erinnerung.
Höre auf das Gute,
Welches man dir rät.
Und verweigere dich dem Schlechten,
Welches du hörst.
Akzeptiere den göttlichen Imperativ.

Übe deine Seele in Selbstverteidigung,
Um sie vor dir Selbst zu schützen.
Tauche ein in einen Ozean voll Liebe,
Um dich vom Schmutz der Selbstsucht zu
befreien.
Weine unaufhörlich Gottes Tränen,
Um Ihm näher zu sein als deiner eigenen
Halsschlagader.
Wer sind wir?!
Wer können wir sein?!

Für wen ist diese Welt erschaffen,
Wenn nicht für den, der wir sein können?!
Erkenne dich selbst, um Gott zu erkennen.
Nicht hasse dich selbst, um nicht im Feuer zu
brennen.
Sondern verlasse dich selbst, um dich vom
Falschen zu trennen.
So dann „töte" dich selbst, um zu deinem Herrn zu
rennen.
Wer sind wir?!
Und wer sind wir gewesen?!
Für niemand anderen ist diese Welt erschaffen,
Als für jenen, der sich demgemäß verhält!

Von Vielen und dem Einen

In jeder Seele sich ganz leise
das Licht des Himmels niederschlägt.
Und jeder Geist, egal wie weise,
ist durch die gleiche Kraft geprägt.
Jeder Körper, ganz gleich wie kompliziert,
ist durch dieselbe Hand erschaffen worden.
Jede Form ist gleichermaßen integriert;
die schwerste Sünde ist, zu morden.

Was ein Mensch an Gutem leisten kann,
wird ihm allein durch Gott gelingen.
Darum achtet darauf - vor allen Dingen -
nehmt niemals Dank in eurem Namen an,
denn dieser gebührt alleinig Allah
und euer ist der Lohn erst in seinem Reich.
Doch ihr wollt ihn sofort und gleich,
aber genau darin liegt auch die Gefahr:

"Dass ihr euch sehnt nach dem Himmel auf Erden,
und könnt so im Leben nicht heilig werden."

Alle Zeit ist ewig nur für jenen,
der sich Ihm öffnet und Ihn bei Namen nennt;
der betet, fastet, liebt und oft mit Tränen
seine Seele reinigt und Ihm so entgegen rennt.

Ein Meister ist noch selten
als Meister schon geboren;
er muss durch viele Welten
und wird dort oft geschoren,
muss seine Lehren ziehen
und sich von einigem entfernen
- sofern es hilft - auch manchmal fliehen:
Nur so kann man, zu lieben, lernen!

Göttliche Milde

Wir geben Dir viele verschiedene Namen,
sind Dir mal mehr und manchmal weniger
verbunden,
halten Ausschau nach und hoffen auf Erbarmen,
bisweilen hat ein jeder es gefunden;
außer jene, die zu wenig unternahmen
und Deiner auf den Irrwegen entschwunden,
daher Deiner Weisheit nicht näher kamen,
um teuflische Gefilde zu erkunden
und ihre Götzen nachzuahmen,
doch sind Dir Deine Hände nicht gebunden:
So wirst Du jenen wieder Deinen Samen
wie einst in deren Geburtsstunden
einpflanzen und in Deinem schönen, warmen
Reiche heilst Du ihre Wunden.

Zusammenfassung

Wenn du Angst empfindest, zu verlieren,
Und keinen Mut hast, zu gewinnen,
Dann freue dich trotzdem, denn
Unter dem Torbogen der Ewigkeit
Wartet ein lang vermisster Freund.

Rufe nach Ihm mit der Gewissheit,
Dass er dich gut hört.
Tatsächlich hört Er gut,
doch vielleicht sind deine Rufe leise.

Vergesse dich nicht,
Verlasse und verliebe dich.
Verdrehe dich nicht,
Verstehe dich und dann vergehe.

Mache aus deinem Herzen ein Schlachtfeld der
Liebe
Und erlaube deiner Leidenschaft,
Ein Held zu sein,
Vernichte die Langeweile
Und freue dich auf reines Blut.

Lies die Gedanken deines Nächsten,
Schreibe ihm ein schönes Stück
Und schenke ihm eine Ration deiner Liebe.
Fasst euch ein Herz,
Fasst euch zusammen.

Wir sind vielmal nicht das,
Was wir annahmen.
Und Er ist unendlich mal mehr,
Als wie wir Ihn kannten.

Nachwort

Ich bin der Gedanke, den ich denke. Ich bin das Gefühl, das ich fühle. Ich bin das Bild, das ich sehe, das Geräusch, das ich höre, die Berührung, die ich spüre, und der Geruch, den ich rieche. Ich bin die Liebe, die ich empfinde, und die Trauer über verpasste Gelegenheiten, die mich zuweilen quält. Ich bin die Straße, auf der ich stehe und gehe, die Tür, durch die ich schreite, und das Fenster, durch welches ich schaue.

Wer bin ich? Ich bin die Knochen, die mich stützen, das Fleisch, das die Knochen bekleidet, und die Haut, die das Fleisch bekleidet. Ich bin der Atem, den ich hole, die Nahrung, die ich zu mir nehme, und das Wasser, mit dem ich mich reinige.

Ich bin die Menschen, mit denen ich spreche, und die Sprache, die ich benutze. Ich bin der Gedanke, den ich denke, das Gefühl, das ich fühle, und das Bedürfnis, welches ich befriedige oder zu überwinden versuche.

Alles dies lässt mich ein Nichts sein; ein Nichts ohne wirklichen Anteil an der Ewigkeit. Ich bin die Dunkelheit, die mich umgibt, aber doch auch ein Teil des Lichtes, wonach ich mich sehne.

Und gehe einen Schritt zurück,
Um zwei nach vorn zu gehen.

Umhülle deinen Schlaf mit Glück,
Um morgens munter aufzustehen.
Und nähere dich Stück um Stück,
Um in Gott völlig aufzugehen.

Ist dies des Lebens wahrer Sinn?
Ich will es nicht bezweifeln,
Gebe hoffentlich dein Leben hin –
Dem Einen, nicht den Teufeln!

Woher kommt der Wunsch, die Welt zu verbessern, wenn nicht von Jenem, Der weiß, wie schön die Welt sein könnte; dann nämlich, wenn jeder Mensch sich sein Ego zum schlimmsten und einzigen Feind erklärt; was hierdurch entstünde, wäre nichts anderes als ein Szenario des Friedens, ein Schlachtfeld der Liebe; kleine Kinder würden sicher an Schlangennestern spielen, Wolf und Schaf wären einander Freund, Arme wären gut beisammen und Reiche ihrer Verantwortung bewusst.

Und diese Welt wird kommen, weil Gott offensichtlich und der Mensch zumindest in seinem tiefen Inneren den Wunsch danach hat. Und was ein jeder dazu beitragen kann ist einfach, dass er eines seiner Augen dafür verwendet, das Gute im anderen zu erkennen, und mit dem zweiten Auge die eigenen Fehler sieht. So

dann wird Gott uns immer näher zu Sich führen;
und je mehr wir Ihm nahe sind, desto mehr sind
wir zu geben bereit, weil Er Derjenige ist, Der
gerne gibt.

Und meine abschließenden Worte sollen lauten:
Alles Lob gebührt Allah, dem Herrn der Welten.